Amazing Unicorn

A A A

a a a

Beautiful Unicorn

B B B

b b b

Cute Unicorn

C C C

c c c

Dazzling Unicorn

D D D

d d d

Elegant Unicorn

E E E

e e e

Fizzy Unicorn

F F F

f f f

Graceful Unicorn

G G G

g g g

Happy Unicorn

H H H

h h h

Icy Unicorn

Joyful Unicorn

J J J

j j j

Kissing Unicorn

K K K

k k k

Lovable Unicorn

Magical Unicorn

M M M

m m m

Nice Unicorn

N N N

n n n

Orange Unicorn

Pretty Unicorn

P P P

p p p

Queenly Unicorn

Q Q Q

q q q

Rosy Unicorn

R R R

r r r

Sad Unicorn

S S S

S S S

Two Unicorns

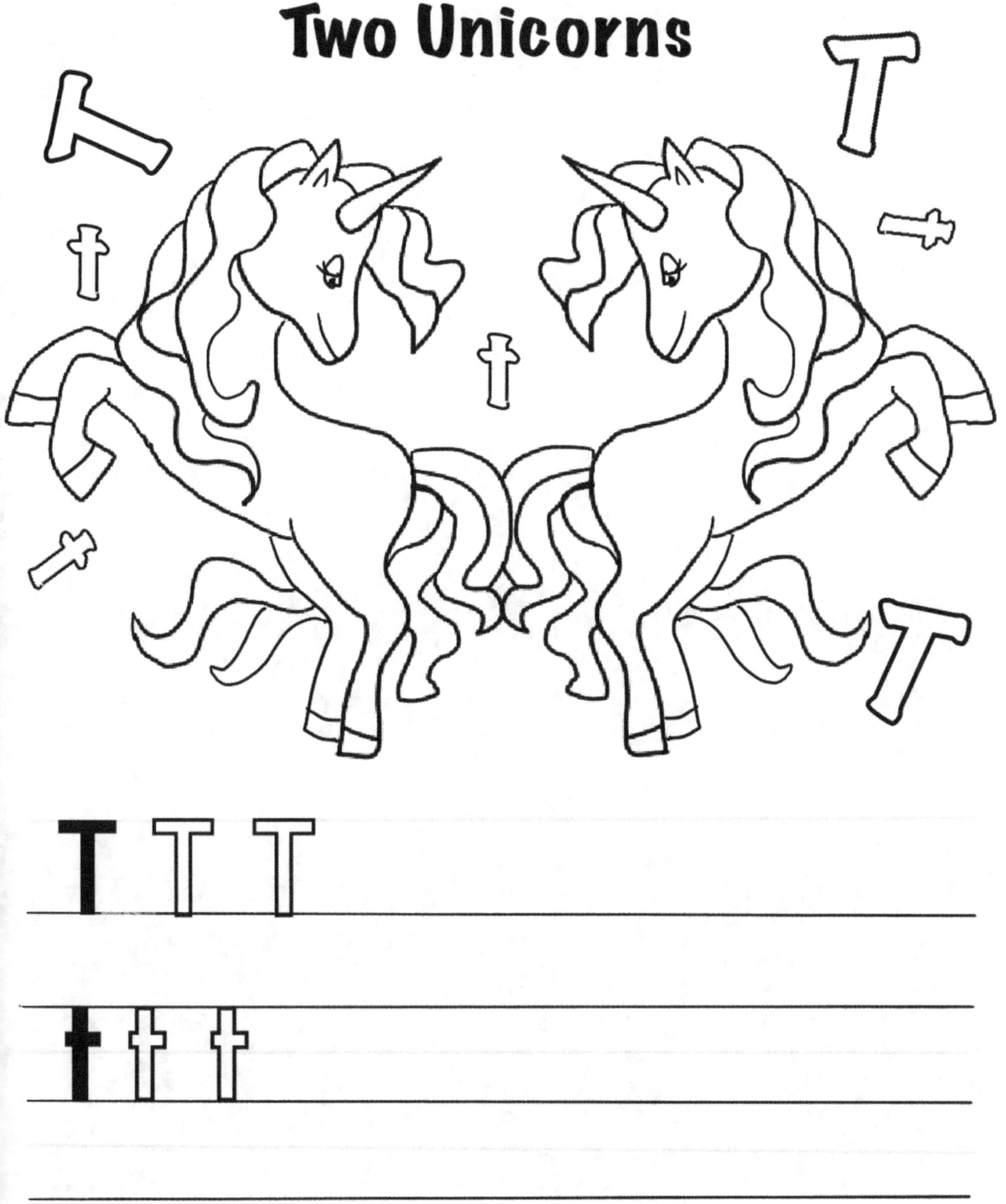

Unique Unicorn

Vocal Unicorn

V V V V

V V V

Winged Unicorn

Extraordinary Unicorn

X X X

X X X

Young Unicorn

Zizzy Unicorn

Z Z Z

Z Z Z

www.ingramcontent.com/pod-product-compliance
Lightning Source LLC
Chambersburg PA
CBHW081314150726
48001CB00022B/3169